Mémoire

SUR LES MOYENS D'AMÉLIORER

LA SANTÉ

Des Ouvriers à Lille.

Mémoire

SUR LES MOYENS D'AMÉLIORER
LA SANTÉ
DES OUVRIERS A LILLE,

Par J.-B. DUPONT,

Chirurgien-Accoucheur, Membre correspondant de la Société médicale d'émulation de Paris, de la Société d'émulation de Cambrai, etc. ;

OUVRAGE

Qui a obtenu une médaille de la Société des Sciences, de l'Agriculture et des Arts, de la ville de Lille.

Miseris succurere disco !

A PARIS,
CHEZ DELARUE, LIBRAIRE, QUAI DES AUGUSTINS, n.° 15,
ET A LILLE, CHEZ CASTIAUX, LIBRAIRE, GRANDE PLACE.
1826.

LILLE. — IMPRIMERIE DE BLOCQUEL.

MÉMOIRE

SUR LES MOYENS D'AMÉLIORER

LA SANTÉ

DES OUVRIERS A LILLE.

CHAPITRE PREMIER.

HABITATIONS.

Est-il possible d'améliorer la santé des ouvriers à Lille ? Voilà la première idée qui se présente : la question est difficile à résoudre, nous avons peur d'écrire beaucoup, parce qu'il y a beaucoup de choses à dire, encore plus d'abus à signaler, et de voir nos projets contrariés ou paralisés par la force des choses, par les localités, par les préjugés, etc. Cependant ces considérations ne nous arrêteront point, parce que si la totalité des moyens que nous proposons n'est pas admissible, toujours est-il possible que quelques-uns attirent les regards de l'autorité ; et si nous avons réussi à faire réformer quelques abus, à provoquer quelques mesures d'utilité publique, nous serons suffisamment récompensés de nos peines.

La situation topographique de la ville de Lille, annonce assez que le climat est humide et froid, le sol bas et marécageux. Les rivières, ruisseaux et canaux qui la traversent en tout sens, et les brouillards qui s'élèvent fréquemment entretiennent une grande humidité dans l'atmosphère.

Le printemps est tardif, et par conséquent très-court ; l'été est souvent pluvieux ; l'automne est ordinairement assez beau ; l'hiver, qui est long, est plus humide, pluvieux et brumeux, que sec.

La ville de Lille, située sur la Deûle qui la traverse, est grande, bien bâtie, bien percée, et renferme soixante-cinq à soixante-dix mille habitans, parmi lesquels on en compte vingt-huit mille qui reçoivent des secours à domicile. Les ouvriers sont mal logés, une grande partie habite des caves humides et malsaines, privées de lumière et d'air vital, l'autre des chambres et des greniers, et enfin la majorité peuple le quartier Saint-Sauveur, composé de petites rues étroites, appelées *courettes*, de carrefours dont les sinuosités traversent en tout sens le carré qui se trouve entre la rue de Paris et la rue de Tournai. Quand on a le courage de traverser ces cloaques, et de braver l'odeur repoussante qui s'en exhale, on est étonné que des êtres humains puissent vivre dans de pareils lieux.

L'entassement d'un nombre aussi considérable d'individus est cause que la malpropreté règne constamment ; la police, qui cependant est autorisée par les réglemens, à forcer les habitans de balayer et laver les ruisseaux, n'en fait rien (1), quand elle devrait faire régner constamment la plus grande propreté dans ces *courettes* et carrefours. Il faut y multiplier les pompes et les égouts

---

(1) Pour plus de clarté et de concision, nous parlerons toujours des moyens que nous croyons propres à remédier aux abus, aussitôt après les avoir signalés.

hermétiques. On a commencé à exécuter ce genre d'amélioration dans de grandes rues peuplées par des gens riches; il fallait au contraire, commencer par les quartiers populeux et pauvres, parce que plus l'état sanitaire sera soigné dans ces *courettes* et carrefours, et plus la salubrité sera générale. Il importe peu que les rues grandes et aérées aient les premières des égouts hermétiques, tandis que les miasmes pestilentiels et contagieux qui s'exhalent des quartiers habités par le bas peuple, peuvent devenir nuisibles au reste des habitans de la ville.

Les causes des maladies, les abus qui entretiennent la misère, et les désordres qui en résultent, seront indiqués et traités dans les chapitres suivans; celui-ci parlant seulement des habitations, cette partie nous occupera seule, afin de mettre plus de méthode et de clarté dans notre travail.

Le mode de construction des habitations particulières comme des édifices publics, exerce une influence continuelle sur la santé des habitans. Déjà du choix des matériaux peut en grande partie dépendre le degré de salubrité d'une habitation. Les architectes doivent donc s'occuper sérieusement de cet objet sous ce rapport. Il est des qualités de pierres tellement humides ou propres à absorber l'humidité de l'atmosphère, que pour peu que la saison soit pluvieuse, on voit l'eau couler des murs construits avec ces pierres, et les meubles ou autres effets contenus dans les appartemens, se détériorer en peu de temps; les maisons en briques sont incontestablement les moins humides, et sous ce rapport les plus salubres; mais les constructeurs ont tort de se servir de *mortier* fait avec la chaux et l'argile, qui, au bout de quelque années se transforme en nitrate de potasse, absorbe une grande partie de l'humidité de l'air, donne lieu à la décomposition des briques, et rend les habitations extrêmement insalubres, tandis que le *mortier* fait avec la chaux de Tournai et le bon sable, ne fait redouter aucun de ces résultats.

Les habitations élevées sont ordinairement saines; les maisons trop basses ont leurs inconvéniens; elles sont en général humides. Ne serait-il pas utile d'adopter un plan de construction auquel devrait se conformer tout habitant qui voudrait bâtir. Il nous suffit d'avoir seulement indiqué ce point, dont les détails nombreux, et connus d'ailleurs, appartiennent plutôt à l'architecture qu'à la médecine.

La construction des caves mérite de fixer l'attention spéciale de l'autorité, qui ne doit pas tolérer que chacun puisse creuser et disposer comme il l'entend, cette partie des habitations. On conçoit que le séjour dans des souterrains, dans de véritables caves, ne peut être considéré comme salubre. Une bonne police devrait tâcher de faire cesser peu à peu de pareils usages, et le meilleur moyen d'en faire sentir au public les dangers, serait de charger des médecins d'observer spécialement l'influence de semblables demeures sur la santé, et de publier les résultats généraux obtenus des faits observés.

La malpropreté est une des premières causes des maladies qui affectent la société. On connait l'influence qu'exerce sur la salubrité extérieure des habitations la pratique de diverses professions que l'industrie a fait naître. Sous ce rapport nous devons des éloges à l'administration municipale de Lille, qui jusque-là a fait tout ce qui dépendait d'elle pour le maintien de l'ordre et de la santé publique.

L'autorité ne peut étendre sa surveillance sur la propreté intérieure des ménages. Rien cependant ne contribue davantage à rendre l'intérieur des habitations insalubres que le défaut de soins, qui est un effet de l'indigence des habitans, et rien n'est plus difficile à prévenir. Comment, par exemple, s'opposer à l'encombrement qui résulte du séjour de familles nombreuses dans des caves ou dans des greniers bas et peu aérés ? Comment empêcher que trois, et souvent quatre individus, d'âge et de sexe différens, ne couchent dans le même lit ou sur le même grabat, etc. etc.; ces lits, ces grabats pourraient être améliorés. Il faudrait délivrer aux ouvriers et aux indigens de la paille fraîche tous les quinze jours. Les paillasses devraient être renouvelées tous les mois, surtout celles des enfans, qui sont presque constamment imprégnées d'urine, et répandent une odeur repoussante.

Le peuple qui remplit ces quartiers, n'inspire-t-il pas un intérêt aussi vif que les chevaux dont la paille est renouvelée tous les jours ? C'est en faisant servir les agens de police à ce genre de surveillance, c'est en tarissant autant que possible les sources de la misère que l'on peut espérer de porter du remède à tant de maux.

Quoique la plupart des moyens proposés soient impraticables sur-le-champ, il est cependant nécessaire de les indiquer dans un ouvrage de la nature de celui qui nous occupe : il faudrait donc commencer par fermer les caves et agrandir les logemens dans les *cours* et *courettes*, c'est-à-dire diminuer le nombre des occupeurs. Il faudrait encore y construire des latrines publiques et inodores, sur le modèle de celles dont nous parlerons au chapitre des établissemens publics (1). En même-temps que ces

---

(1) Voyez chapitre VII.

mesures seraient mises à exécution, il faudrait bâtir des maisons, soit au compte de la ville, soit en concédant des portions de terrain à des particuliers à qui l'on accorderait quelques avantages, ou bien en élevant des étages sur les maisons déjà occupées. Ces projets qui pourraient s'exécuter à la longue, ne sont pas inabordables dans une ville dont l'octroi rapporte près de huit cent mille francs, et où les hospices jouissent d'un revenu de quelques millions. La manière dont l'abbatoir a été mis en adjudication, ne pourrait-elle pas être employée pour la construction de cinq à six cents maisons sur des terrains que l'on destinerait à cela ? Une telle entreprise trouverait de suite des actionnaires, parce qu'elle serait lucrative, et une amélioration générale serait le résultat de cette opération. D'abord les ouvriers étant logés sainement, le nombre des malades diminuerait, l'administration des hospices ne dépenserait pas annuellement trente ou quarante mille francs pour agrandir l'hôpital St.-Sauveur; les malades à domicile étant moins nombreux, les secours seraient reclamés moins souvent, et l'on pourrait alors venir au secours des pauvres, des aveugles mendians, des infirmes et des incurables.

CHAPITRE II.

NOURRITURE, RÉGIME, BOISSONS ALCOOLIQUES, ÉDUCATION.

La nourriture se compose de pain, de beurre, de lait, de lait de beurre, de légumes, de viande, de café, et surtout de pommes de terre; viennent ensuite les liqueurs alcooliques et la bière.

Ce n'est pas que la nourriture de l'ouvrier soit mauvaise, mais nous avons peine à nous expliquer la préférence que des préjugés modernes ont fait donner à la culture des pommes de terre sur celle de céréales. Dans un rapport à la Faculté de médecine de Paris par MM. Percy et Vauquelin, sur les trois questions suivantes :

1° Quelle quantité de pain, de viande, de fèves, de haricots, de pois, de riz ou de gruaux d'orge, peut remplacer quarante-cinq kilogrammes de pommes de terre;

2° Par quelle quantité de légumes verts, tels que choux, navets, épinards, fèves, pois, peut-on remplacer quarante-cinq kilogrammes de pommes de terre;

3° Quelle quantité de viande et de pain peut remplacer le même poids de pommes de terre, ainsi que le beurre et la graisse qui deviennent inutiles dans une soupe à la viande? Les commissaires, dans ce rapport détaillé, ont établi : 1° que le pain ordinaire nouvellement cuit contient le cinquième de son poids d'humidité, c'est-à-dire que cent livres de pain ne renferment que quatre-vingts livres de matière nourrissante; 2° que la viande contient les deux tiers de son poids d'humidité, par conséquent cent livres de viande ne renferment vraiment que trente-quatre livres de matière nourrissante; 3° que les haricots, les fèves de marais, les pois et lentilles secs ne perdent rien par la dessication, mais qu'étant contenus dans une enveloppe qui ne paraît pas devoir être nutritive, et dont le poids varie dans chacune de ces espèces, on peut estimer que les haricots ne recèlent que 92 de matière nourrissante pour 100, les fèves 89, les pois 93, les lentilles 94; 4° que les choux et les navets contiennent une quantité d'eau qui s'élève dans l'un et dans l'autre à 92 pour 100, les carottes et les épinards, 86 d'eau pour 100; 5° que la quantité d'humidité contenue dans la pomme de terre est de 75 pour 100, et que par conséquent, la matière sèche y est dans la proportion de vingt-cinq centièmes, ce qui la rend plus nutritive que les végétaux ci-dessus; mais il faut encore défalquer un et demi à deux de matière extractive et ligneuse, qui paraît ne contribuer en rien à la nourriture; reste donc sur 100 livres de ces tubercules, seulement 23 parties de farine amilacée propre à cet usage. Les commissaires ont conclu, en conséquence, que trois livres de pommes de terre n'équivalent en nourriture qu'à trois quarterons de pain, et cinq onces de viande, et que quant aux fèves, haricots, pois et lentilles secs, comme ils contiennent plus de matière solide, et sur tout plus de principes animalisés; une partie de l'une ou l'autre de ces graines bien sèches et de bonne qualité peut nourrir autant que trois et demi de pommes de terre, etc. Des expériences aussi concluantes nous font désirer voir les ouvriers se nourrir de pain, de viande, de légumes secs, et ne manger la pomme de terre que comme accessoire ou comme régal.

Les écarts de régime consistent dans l'abus de la bière

et de l'eau-de-vie ou du genièvre; les plaisirs sont bornés : la promenade et le cabaret en été, la cantine et le cabaret en hiver; à trois heures du matin en été, et à cinq en hiver, les maisons des marchands d'eau-de-vie sont pleines de buveurs. Ces débitans sont en général peut délicats; ils falsifient les boissons, ne sont point surveillés, et la manière dont ils se payent quelquefois est de nature à attirer l'attention de la police. Il est de ces débitans qui introduisent de l'acide sulfurique dans l'eau-de-vie pour lui donner plus de force en apparence. . . . .

Pour peu que l'on y réfléchisse, on est forcé de se dire, que quelque chose qu'on fasse ou qu'on propose, on corrigera difficilement les ouvriers de leur penchant à boire. Il n'y aurait que l'instruction morale et religieuse qui pourrait amener quelque changement dans les goûts et les mœurs d'hommes et de femmes habitués aux excès, et nous désesperons d'y réussir quant à la génération actuelle. Pourtant, si l'on ne peut les empêcher de boire, on pourrait au moins les empêcher de s'empoisonner. Il faudrait rendre les débitans l'objet d'une surveillance plus active, et leur défendre d'ouvrir leurs maisons avant six heures du matin ? La police devrait faire inspecter ces cantines par ses agens, et s'opposer à ce que les malheureux ne se dépouillent de leurs vêtemens pour payer leur consommation? Nous avons vu chez un de ces débitans, un homme qui spéculait sur les effets de la funeste passion de l'ivrognerie; il se tenait assis dans un coin, ayant à ses côtés un grand sac de toile, et faisait métier d'acheter à vil prix des habits à des hommes déjà ivres : le produit de ce honteux trafic était immédiatement consommé sur le comptoir.

Les moyens efficaces de remédier à ces abus et de les

faire disparaître, sont dans les mains de la police; on dit que ses agens font quelquefois leur devoir d'une manière relâchée, et l'on objecte que leur traitement n'est pas assez élevé. Si ces objections sont vraies, le remède est facile à trouver.

En étudiant les mœurs de ce peuple d'ouvriers, nous avons cru remarquer que ce goût et ces habitudes de cabaret n'étaient point un vice radical chez lui, et que ces orgies étaient plutôt le résultat du mécontentement, de la colère, du désespoir, peut-être, causés par la comparaison de l'opulence des chefs de fabrique, et son état continuel de malaise et d'indigence. En effet, visitez certains ateliers, et voyez ces hommes attachés à la manivelle d'une carde pendant seize heures, pour gagner 3 francs; les chevaux qui font tourner un manége ne travaillent que six heures par jour; sont-ils donc plus précieux que des hommes? L'exigence des fabricans, et la modicité du prix des journées force l'ouvrier à s'abimer pour gagner de quoi nourrir sa famille, heureux quand il ne succombe pas à la fatigue, et qu'il ne va pas mourir à l'hôpital d'une maladie de poitrine.

Cette fatigue constante, et les idées que le besoin fait naître chez eux, les portent à profiter de la journée du dimanche pour se réjouir, se délasser; alors, quelques verres d'eau-de-vie introduits dans des estomacs délabrés, les ont bientôt enivrés, et la bière, les chants et la pipe, les achèvent le soir. Pour que l'ouvrier soit bien portant et plus heureux, il faut que son travail soit proportionné à ses forces; que les heures de repos arrivent plus souvent; que pendant ces heures de repos il puisse sortir de l'atelier; que cet atelier soit ouvert, et que l'air y soit renouvelé; il faut enfin que les fabricans augmentent la rétribution journalière, et qu'ils réfléchissent que leur richesse et le désir de gagner encore plus, ne sont pas des raisons pour traiter les ouvriers comme des bêtes de somme.

Parmi cette classe d'individus, celle des maçons et des couvreurs forme réellement une réunion de bienheureux: d'après les réglemens de police, les heures de repos, et *les heures de pipe* sont tellement calculées, qu'ils ne travaillent guère plus de huit heures par jour ; nous prions l'autorité d'établir aussi des réglemens pour les filatures et les fabriques de fils, réglemens d'après lesquels l'ouvrier serait mieux payé, plus respecté dans sa qualité d'homme, et occupé pendant un laps de temps raisonnable.

On nous objectera que c'est volontairement qu'il travaille aussi long-temps, mais nous répondrons que lors de l'établissement des filatures, un ouvrier gagnait deux francs par jour en travaillant douze heures sur lesquelles il prenait deux heures de repos. On trouva cela trop doux; on le mit *aux pièces ;* alors, il gagna trois et quatre francs. On diminua le salaire, et il fut obligé de prolonger les heures de travail, pour gagner en seize ou dix-huit heures, ce qu'il gagnait en douze. Voilà ce que nous voudrions voir réformer : nous avons un conseil de prud'hommes, ceci rentre dans ses attributions, il est temps qu'il mette un terme aux fatigues des malheureux.

Quant à la génération qui s'élève, l'éducation morale et religieuse pourra seule la soustraire à des exemples et à des habitudes pernicieux. Les pasteurs des Paroisses d'un côté, l'enseignement mutuel et les frères d^e la doctrine chrétienne de l'autre, pourront opérer quelque bien par la suite. La ville de Lille possédant une école d'enseignement mutuel, des écoles de dimanche pour les adultes feraient le plus grand bien, et coûteraient peu de chose en les établissant dans le local de celle des enfans.

L'avantage de cette mesure serait aussi d'occuper les ouvriers le dimanche, et de leur faire oublier cette vie de cabaret, dont les suites sont souvent funestes à leur santé et à leur bourse.

Cela souffrirait de grandes difficultés dans les commencemens, mais on trouve encore parmi eux des hommes qui ont de la conduite et le désir de s'instruire ; leur exemple et le temps finiraient par inspirer le même désir aux autres. Nous avons remarqué que les sentimens des ouvriers en général se sont améliorés d'une manière sensible, depuis que l'enseignement mutuel et les frères ont répandu l'instruction dans la classe des pauvres ; que serait-ce si ces institutions voyaient s'opérer chez elles les améliorations dont elles sont susceptibles ? quel bien n'en résulterait-il pas, puisqu'il paraît certain que les enfans qui ont suivi les leçons de ces écoles reportent dans leurs familles cet amour d'ordre et d'économie qui anime les élèves. Il semble que les parens profitent aussi des principes d'ordre et d'économie qu'on inculque aux disciples de l'enseignement élémentaire, quelque négligé, quelque dépourvu qu'il soit de leçons de morale et de véritable religion !

Parlerons-nous des institutions primaires ? L'université a trop restreint leur pouvoir dans le degré d'instruction ; ils apprennent aux enfans le catéchisme, la lecture, l'écriture, un peu de calcul, voilà tout. Pas un mot sur les devoirs de l'homme envers Dieu et envers ses semblables ; pourquoi un jour de la semaine ne serait-il pas consacré à des leçons expliquées de morale et de religion ?

L'enseignement mutuel pêche aussi par les mêmes défauts. Les écoles établies dans la capitale et dans plusieurs grandes villes, ont donné à l'enseignement un degré d'extension qu'il serait désirable de pouvoir admirer chez nous.

Les enfans y apprennent le catéchisme, et savent parfaitement quelles sont les peines et les récompenses qui les attendent dans l'autre monde ; ne pourrait-on pas leur apprendre aussi quels sont les devoirs de l'homme en société ; quelles sont les vertus sociales qui rendent un homme estimable, et que l'état récompense ; quels sont les délits et les crimes que la loi défend et qu'elle punit ? Ces connaissances seraient fort utiles, et empêcheraient peut-être bien du mal.

Les Frères de la doctrine chrétienne dont nous louons le zèle et la charité, sont-ils plus heureux. Les enfans y sont élevés dans toutes les pratiques de la religion ; ils apprennent à lire, écrire et calculer, mais l'enseignement de la morale religieuse y est-il assez étendu. Ce n'est point en apprenant à chanter des cantiques spirituels sur des airs d'hymnes républicaines, que les enfans deviendront meilleurs ; c'est en leur faisant connaître, c'est en leur faisant goûter les vérités et les préceptes sublimes de l'Evangile ; c'est en leur faisant aimer la vie, les actions et les paroles du divin législateur des Chrétiens, que leur ame se formera au bien, et les éloignera des goûts, des habitudes, des vices même de leurs parens.

Les Frères de la doctrine chrétienne sont en général trop jeunes, et ne sont pas assez instruits. Ne pourrait-on pas donner plus d'extension à l'enseignement dans leurs écoles ? Les inviter à employer avec leurs élèves les voies de la persuasion et de la douceur, et à renoncer au genre de correction qu'ils ont adopté? Il n'est pas propre à faire des hommes comme Jésus-Christ les demande, et ces messieurs verront dans l'évangile, que leur maître se servait d'un autre moyen pour attirer les enfans à lui.

CHAPITRE III.

LE MONT-DE-PIÉTÉ.

Quoique beaucoup d'ouvriers gagnent deux, trois et quatre francs par jour, leur état de misère est toujours le même, parce que les excès de bière et d'eau-de-vie absorbent tout. Lors des besoins les plus pressans, leurs vêtemens sont déposés dans un gouffre dévorant que par dérision on nomme *Mont-de-Piété*. C'est là que vont s'engloutir en commissions et en intérêts, les épargnes qu'une administration paternelle les mettrait à même de faire. Cette maison, fondée en 1610, par un ami de l'humanité nommé Bartholomé Masurel, qui lui fit un fonds de cent mille francs, devait prêter sans aucun intérêt. Aujourd'hui, en 1825, on y prête sur gages, au taux criminellement usuraire de douze pour cent.

Quand on emprunte une forte somme, trois mille francs, par exemple, on paie douze pour cent en donnant pour six mille francs de gages. Mais voici quelle marche on suit à l'égard du pauvre : Un ouvrier a besoin de cinq francs ; il dépose chez le porteur juré pour douze francs et plus de gages, de vêtemens. Ordinairement il les engage le lundi, pour les retirer le samedi, s'habiller proprement le dimanche, les réengager le lundi, et ainsi de suite. A chaque engagement et dégagement, il paie cinq centimes de commission, de manière qu'au bout de l'année cet argent lui a coûté plus de cent pour cent d'intérêts, sans compter ceux du mont-de-piété. Cette manière de prêter entretient la misère ; la misère entraîne après elle les privations ; les privations altèrent la santé et amènent les maladies, donc le Mont-de-Piété est une cause de misère et de maladie chez les ouvriers.

Nous ne retracerons pas ici les manœuvres infâmes, ni les dégoûtantes spéculations auxquelles quelques porteurs-jurés se sont livrés pendant long-temps : l'autorité en a fait justice ; mais nous l'invitons à surveiller plus que jamais, parce que nous avons de fortes raisons de croire que le crime se commet encore.

La grande majorité des ouvriers fait partie de sociétés de secours mutuels, placés sous le patronage de quelque saint; ils déposent à la caisse chacun vingt centimes par semaine, et reçoivent deux à trois francs quand ils sont malades. N'y aurait-il pas moyen d'organiser une caisse d'épargnes calquée sur le même plan, ou d'après un projet que l'autorité inviterait les hommes instruits à lui présenter, ou en fondant un prix pour le meilleur ouvrage sur cet objet. Nous avons renvoyé à la fin de notre mémoire, le plan d'un projet d'une caisse et d'une société de secours mutuels, qui par la suite pourrait devenir une caisse de prêt et d'épargnes. Il y aurait peu de chose à faire pour la mettre de suite en activité ; nous invitons les personnes bienfaisantes à le lire, puissions-nous avoir tracé la route à des hommes plus instruits et plus expérimentés. Ce serait un bien beau triomphe que la destruction et le remplacement du Mont-de-Piété.

Nous pourrions bien aussi dire un mot de la loterie,

et des crimes qu'elle enfante ; mais nos législateurs l'ont reconnue un mal nécessaire. Nous ne les blâmons ni ne les approuvons ; dans un siècle où l'on a toujours à la bouche les mots de mœurs et de religion, pourquoi avons-nous des maisons de jeu, des impôts sur les filles publiques, et des bureaux de loterie ?

CHAPITRE IV.

SECOURS A DOMICILE.

Les ouvriers, les pauvres chargés de famille, les mendians infirmes ou aveugles, reçoivent des secours à domicile, soit par quinzaine, soit en cas de maladie. Il est de notre devoir de signaler les abus introduits dans cette partie de l'administration, et de déplorer l'exiguité des secours que l'on accorde aux malheureux, eu égard à l'importance de l'octroi et des revenus du bien des pauvres.

Il y a à Lille deux sortes de pauvres qui diffèrent entre eux par la localité.

Le premier et le troisième arrondissement, Saint-Maurice et Saint-Sauveur, sont le véritable refuge des pauvres, et il serait nécessaire d'augmenter les secours dans ces deux arrondissemens. Ceux qui demeurent dans le voisinage des gens riches, et qui journellement reçoivent des aumônes en comestibles et en argent, pourraient être l'objet de soins moins empressés. Dans le dernier recensement, on a beaucoup augmenté le nombre des aumônés dans la paroisse de Sainte-Catherine, on a même fait figurer sur les listes des gens qui sont propriétaires de la maison qu'ils habitent.

Le nombre des aumônés s'élève à environ vingt-huit mille, et l'octroi de la ville, qu'on appelle *octroi de bienfaisance*, cet octroi, qui rapporte plus de huit cent mille francs, destine *quarante-quatre mille francs* par année aux pauvres, ce qui fait environ trente sous par individu. Tout homme raisonnable et humain conviendra que ce n'est pas assez, et qu'on pourrait se conduire avec moins de cruauté. Diminuons un peu les dépenses pour les plaisirs des riches ; engageons les personnes qui reçoivent des traitemens dont ils peuvent se passer, d'en faire le sacrifice, supprimons les places, les emplois inutiles; les gens que cela regarde sont religieux, humains, bienfaisans, et nous sommes persuadés qu'il n'y aurait qu'un mot à leur dire pour les voir renoncer à leurs sinécures.

L'administration des hospices ajoute six mille et quelques cens francs pour extirper la mendicité, et faire délivrer du bouillon qui n'en a que le nom. Pourquoi ne pas augmenter cette somme et rendre le bouillon meilleur ? le bouillon de mauvaise qualité est nuisible, il détériore les organes gastriques, et ce n'est pas le moyen de réparer les forces des malades.

Nous engageons l'autorité à vouloir bien s'assurer des droits des individus à être portés sur les listes des indigens, à veiller à ce que les communes environnantes ne nous surchargent pas de leurs pauvres, en les faisant résider pendant un an à Lille, et, après ce terme, les faire porter sur les listes.

L'administration des hospices accorde encore des traitemens annuels, connus sous la dénomination de prébendes. Il existe des individus fortunés qui jouissent de ce genre de secours, et nous croyons qu'il serait juste de soumettre les listes à une révision que l'intérêt du pauvre réclame. Pourquoi les revenus du malheureux sont-ils prodigués à la protection et à l'intrigue.

Il y a quelques années que le Maire de la ville de Lille, et en cette qualité président de droit du conseil des hospices, s'était fait délivrer les listes des individus porteurs de prébendes, en faisant annoncer qu'il allait faire afficher ces listes. Quelques-uns de ces heureux indigens eurent peur d'un pareil éclat, et renoncèrent volontairement à leur traitement. C'est ce qu'espérait M. le Maire pour la totalité, mais d'autres plus audacieux, lui adressèrent des menaces, le défièrent même d'en rien faire, et lui dirent qu'ils s'en plaindraient au conseil d'état et au chef du gouvernement; le magistrat voulant éviter le bruit et le scandale renonça à son projet, et quelques favoris continuèrent de profiter de la dépouille de l'indigent.

Ce serait le cas ou jamais de revenir sur cette mesure: cela pourrait contrarier quelques personnes, mais l'estime publique et la reconnaissance générale seraient la récompense du magistrat qui en poursuivrait énergiquement l'exécution.

A quoi servent les millions de revenus des hospices, et les huit cent mille francs de l'octroi? Comment se fait-il que malgré ces ressources immenses, il faille être père de trois enfans en bas âge pour recevoir quatre livres de pain par quinzaine, être âgé de soixante ans pour obtenir aussi tous les quinze jours un misérable pain de deux livres? Pourquoi faut-il être âgé de soixante-dix ans, pour aller mourir à l'hôpital général? D'ailleurs l'admission dans ce lieu de désolation est devenue si difficile, qu'il faut presque la protection d'un ministre pour y réussir, après avoir sollicité pendant quatre à cinq ans.

Le célibataire atteint d'une maladie vénérienne, n'est admis dans aucun hôpital: il traîne sa honte et ses douleurs sans espoir de guérison, on prétend exercer cet acte d'inhumanité dans l'intérêt de la morale. En attendant, l'individu communique son mal à bon nombre de personnes, qui en font autant de leur côté; le poison circule, le mal fait des progrès ; il faut convenir qu'il y a des gens qui ont une singulière manière d'envisager les choses !

Les aveugles mendians reçoivent aussi des secours sur les six mille francs accordés par les hospices ; il y a long-temps que la religion et l'humanité réclament un local pour ces malheureux : on agrandit *l'hotel Dieu*, on exécute des travaux à un autre établissement de charité, on fait bien : n'accorderons-nous pas un asile à l'indigence aveugle et sans pain ?

CHAPITRE V.

HOPITAUX.

FAUT-IL DES HOPITAUX?

Faut-il des hôpitaux? En agitant cette question on se rappelle le passage de Chardin dans son voyage en Perse: « Aureng-Zeb, à qui l'on demandait pourquoi il ne bâtissait pas d'hôpitaux, dit: Je rendrai mon empire si riche qu'il n'aura pas besoin d'hôpitaux. Ce à quoi Montesquieu ajoute: Je commencerai par rendre mon empire riche, et je bâtirai ensuite des hôpitaux. Nous pourrions ajouter à cela: Distribuez abondamment des secours à domicile, ayez un nombre suffisant de médecins zélés et bien payés, ayez une pharmacie centrale bien fournie, et vous n'aurez plus besoin d'hôpitaux.

M. Fodéré, dans le chapitre important et très-détaillé que son Traité de médecine légale a consacré à l'hygiène publique, regrette que la *sublime idée* de la convention nationale d'établir, en faveur des pauvres, des secours à domicile jusque dans les plus petits villages, soit encore à attendre, que les *idées de bien public* aient fait de plus grands progrès parmi les hommes, et que la *multitude* ait acquis assez de *lumières* pour pouvoir se *conduire seule sans se nuire*. M. Fodéré n'hésite pas de conclure qu'en attendant, il faut continuer d'avoir recours aux hôpitaux.

Il est bien certain que nos hôpitaux ne sont ni assez spacieux pour recevoir tous les indigens malades qui y affluent, ni assez riches pour subvenir aux frais de leurs traitemens, alors pourquoi une bienfaisance absolument indépendante de leur administration n'en allége-t'elle pas les charges ?.... Pourquoi les secours de tous genres dont la charité ferait une dispensation sage entre les indigens hors des hôpitaux, ne contribuent-ils pas à diminuer dans ceux-ci le nombre des malades.

Ainsi, la nourrice et l'enfant qui dépérissent l'un par l'autre, faute d'une nourriture suffisante pour celle même qui doit alimenter le plus faible, seraient préservés et conservés tous deux par le même secours en substance ; ainsi, l'ouvrier que l'insuffisance d'alimens prive de la faculté d'exercer ses bras, serait gratifié pendant quelques semaines d'une augmentation de vivres qui lui permettrait de reprendre son travail; ainsi celui qui, dans l'hôpital, aurait échappé à une maladie grave dont la convalescence s'y affermirait mal, serait recommandé par ceux qui auraient prudemment commandé sa sortie, à ceux de qui il dépendrait que ce malheureux ne soit pas forcé d'y revenir.

Nous espérons qu'on ne nous objectera pas les quarante-quatre mille francs de l'octroi, ce serait une dérision. Nous savons bien aussi qu'il existe une société d'association maternelle qui répand des bienfaits sur les femmes en couche, et nous lui rendons hommage ; mais la société est trop pauvre pour faire les choses convenablement.... Mais elle refuse des secours à la malheureuse fille qu'une faute a rendu mère !.... On trouve dans l'Evangile des préceptes et des actions, qui sont en contradiction avec cette sévérité.

Il manque à l'Hôtel-Dieu une salle d'accouchemens, pour les filles dénuées de ressources et pour les mères de familles indigentes. Nous avons vu de malheureuses filles gissant au fond d'un souterrain, sur de la paille pourrie, en proie aux douleurs de l'accouchement, privées de toutes ressources, mettre au monde un enfant mort, et mourir bientôt après d'une maladie contractée dans l'humidité et la malpropreté. Il faut avoir du courage pour exercer la profession d'accoucheur dans de pareils lieux ! Voilà de ces choses qui font dresser les cheveux, et qui font crier impérieusement à l'autorité : Faites construire une salle d'accouchemens dans vos hôpitaux ; ayez des élèves sages-femmes ; organisez des cours d'accouchemens ; et la reconnaissance publique proclamera les noms vénérés de ceux à qui l'humanité sera redevable d'un pareil bienfait.

Nous serions obligés d'écrire un traité complet, si nous voulions parler de tout ce qui concerne les hôpitaux ; nous revenons à ce qui fait l'objet de ce mémoire : Les abus existans, et les moyens d'y remédier.

L'hôpital Saint-Sauveur, l'Hôtel-Dieu, où sont admis les malades indigens, peut en contenir environ deux cens ; ils y sont bien soignés par les médecins et par les bonnes sœurs de la Charité. Accordons en passant un faible témoignage de reconnaissance à ces Anges terrestres : « Peut-être, dit Voltaire, n'est-il rien de plus grand sur la terre que le sacrifice que fait un sexe délicat, de la beauté, de la jeunesse, souvent de la haute naissance, pour soulager dans les hôpitaux ce ramas de toutes les misères humaines, dont la vue est si humiliante pour l'orgueil et si révoltante pour notre délicatesse. Les peuples séparés de la communion romaine n'ont imité qu'imparfaitement une charité si généreuse. »

Les salles pour les femmes sont belles, bien aérées, et tenues avec une grande propreté ; les lits en fer et entourés de rideaux blancs, le linge propre, et souvent renouvelé.

Les salles pour les hommes sont beaucoup moins avantageuses; elles sont situées au rez-de-chaussée, pavées en pierres bleues, humides, froides et mal chauffées en hiver. A l'extrémité de l'une d'elles se trouvent les latrines, répandant continuellement une odeur infecte qui redouble quand on les vide, ce qui arrive assez souvent. Du reste, les soins assidus de santé et de propreté, leur sont prodigués comme chez les femmes.

Maintenant les abus et les inconvéniens de toute espèce redoublent. Signalons-en quelques-uns.

1° L'établissement ne possède point de salles de bains chauds, froids et à vapeurs; qu'est-ce que deux baignoires placées dans une petite salle humide et sombre, ressemblant plutôt à une prison qu'à une pièce habitable? En compensation la supérieure est magnifiquement logée, et le réfectoire est superbe. Nous aurons pourtant la discrétion de ne point dire combien coûtent la table et l'entretien du personnel de la maison.

2° L'administration a nommé pour le service secondaire de l'hospice, quatre élèves internes; cette mesure est sage; mais nous demanderons à ces Messieurs pourquoi il n'existe pas d'amphithéâtre d'anatomie, pourquoi les élèves ne reçoivent jamais aucune espèce de leçon sur les élémens et la pratique de l'art de guérir? Par une singulière anomalie, la supérieure des religieuses, dont le ministère devrait se borner aux soins que réclament les malades, exerce, au contraire, dans la maison un pouvoir absolu. Elle défend les dissections, refuse ou reçoit les malades qui lui conviennent. Nous accordons à cette honorable dame toutes les vertus et toutes les qualités qui distinguent les sœurs hospitalières, mais nous ferons observer à l'autorité que les administrateurs seuls doivent commander en maître dans ce qui concerne la police administrative et l'organisation de l'hospice. D'ailleurs n'est-il pas de notoriété publique que le régime des hôpitaux s'est perfectionné en france, précisément à l'époque où les corporations religieuses ont cessé d'en être chargées. Comment serait-il possible que des femmes qui font abnégation de toutes les choses terrestres, possédassent les connaissances et les talens nécessaires pour administrer un grand établissement, ou même s'occuper de ses détails; comment peut-on concevoir que madame la supérieure possède assez de connaissances chirurgicales pour décider qu'un malheureux est, ou n'est pas assez blessé, pour être admis ou refusé? Tant que des femmes d'un côté, et des médecins de l'autre, s'occuperont d'un même objet, les choses ne pourront jamais aller bien. Nous ne prétendons pas nier, et nous reconnaissons, au contraire, qu'il y a parmi les filles qui se dévouent au service des malades des exemples de vertu et même de courage dignes d'admiration. Mais quand l'esprit de coterie et d'orgueil s'en mêlent, à côté de ce tableau et de ces exemples individuels, que d'inconvéniens, et même quelquefois que de scandale! Combien d'actes d'insubordination, combien de contradictions exercées envers les médecins et chirurgiens! Combien de fois la superstition et les préjugés n'ont-ils pas lutté contre la doctrine et l'expérience! combien de fois l'ignorance et la routine n'ont-elles pas contrarié la science et nui à ses succès! Il faut donc que les sœurs soignent leurs malades, et que les administrateurs et les médecins soient les maîtres chez eux.

Il est de toute nécessité que l'hôpital Saint-Sauveur ait un amphithéâtre d'anatomie, et que les élèves puissent disséquer et faire des ouvertures de cadavres.

3.? Il serait encore nécessaire que les malades n'attendissent pas trois ou quatre jours pour entrer à l'hôpital; ils attendent quelquefois trois semaines. Les obstacles multipliés qu'ils ont à surmonter retardent leur admission, augmentent la maladie, et les laissent sans secours, puisque le médecin d'arrondissement cesse de les visiter du moment qu'il a délivré le billet qui doit passer par quatre mains avant de revenir au logis du pauvre qui gémit, et qui meurt quelquefois avant que toutes ces formalités soient remplies.

4° Toutes les maladies ne sont pas reçues indistinctement dans cet hôpital: le billet du médecin qui porte pour désignation de maladie: *Fièvre cérébrale,* est un véritable billet de proscription. Nous avons vu dernièrement une malheureuse repoussée de l'hospice, et abandonnée des médecins, souffrir pendant plusieurs jours, après avoir failli étrangler ses enfans, jusqu'à ce qu'enfin le chirurgien de l'arrondissement, voulut bien consentir à lui faire une saignée, qui calma subitement tous les symptômes de *démence furieuse.* Tous ces malheurs ne seraient pas à déplorer, si, pour prendre leurs déterminations, MM. les administrateurs consultaient des médecins, au lieu de s'en rapporter à eux-mêmes, et de prendre l'avis d'hommes étrangers à l'art de guérir.

Nous supplions donc le pouvoir administratif, le pouvoir religieux, ceux qui peuvent quelque chose enfin, de vouloir bien décider qu'un malade sera reçu à l'hospice sur le certificat du médecin de quartier ; cette extension de pouvoir donné au médecin peut avoir des inconvéniens dans l'état actuel du service de santé des pauvres, mais ils cesseraient d'être à redouter, si ce service était organisé comme nous le dirons au chapitre suivant, et si chacun faisait son devoir.

CHAPITRE VI.

MÉDECINS DE QUARTIER, DISPENSAIRES.

L'influence que ces deux institutions exerce sur l'amélioration des hôpitaux, sur les intérêts de l'industrie et de la population, est absolument hors de doute.

Mais il est des cas où le concours des conseils entre les administrateurs et les médecins devient nécessaire. Le médecin d'arrondissement qui visite le pauvre dans son domicile, les officiers de santé des dispensaires qui interrogent et examinent celui qui peut se rendre à leurs consultations, s'abstiennent d'envoyer à l'hôpital l'homme malade ou indisposé, auquel un remède énergique, mais nécessaire, et dont l'effet n'entraîne pas de longues suites, doit être prescrit et administré chez lui. Tels sont un émétique, un purgatif, une eau minérale artificielle, ou bien une saignée, une application de sangsues, un vésicatoire, un topique quelconque, diverses tisanes ou boissons médicamenteuses. Le régime convenable à son état lui est en même temps indiqué.

Cela se fait à Lille, mais les ressources mises à la disposition des dispensateurs des secours sont trop faibles. Il est à désirer de les voir s'augmenter, et de voir s'établir des sociétés de bienfaisance ayant pour but de former des dispensaires dans lesquels de véritables bienfaiteurs de l'humanité, feraient prodiguer à l'indigent des secours en médicamens et en conseils de médecins.

Depuis deux ans environ la société des sciences et des arts de Lille, qui renferme dans son sein des médecins d'un mérite réel, a organisé une commission de santé qui s'assemble tous les dimanches depuis neuf heures jusqu'à deux. Il serait avantageux que l'on fasse connaître au peuple de la ville et des campagnes que les malades peuvent s'y présenter et y recevoir tous les soins et tous les conseils que l'humanité se plait à prodiguer à l'homme souffrant. Il faudrait en même temps que ces messieurs fussent autorisés à envoyer les malades, porteur d'un certificat d'indigence, chez le pharmacien des hospices, pour y prendre les médicamens nécessaires à leur guérison.

C'est maintenant surtout que la nécessité des améliorations se fait le plus vivement sentir. Les médecins et les chirurgiens de quartiers ne sont pas assez nombreux, et leur traitement est trop modique. Une somme de quatre cens francs par an est plutôt une injure qu'un honoraire accordé au zèle et au talent. Il ne faut pas mettre le médecin dans l'alternative de mourir de faim, ou de transiger avec sa conscience. On a vu des hommes méprisables tendre la main pour recevoir du malheureux manquant de tout, une rétribution de *cinquante centimes*, à titre de demi-visite; qu'on ne prenne point ceci pour une accusation faite avec légéreté, quelque grave qu'elle paraisse, plusieurs milliers d'individus sont là pour la confirmer. On dit que ce honteux trafic se fait encore; nous avons peine à le croire, mais si cela est vrai, il faut s'empresser d'y mettre ordre, il faut augmenter le nombre et le traitement des médecins, ou bien il faut agrandir l'Hôtel-Dieu. Les malades bien soignés et bien secourus à domicile, rendraient les dépenses à l'hôpital St.-Sauveur beaucoup moins considérables. De deux choses l'une: ou l'on doit recevoir le pauvre malade à l'hôpital, ou le faire soigner chez lui. Si on lui refuse l'entrée à l'hospice, et qu'il est abandonné aux soins d'un médecin négligent et inhumain, la mort de ce malheureux retombe sur les auteurs d'une mesure aussi inepte que barbare ; la morale et la religion, que l'on fait toujours sonner si haut, réclament de l'autorité supérieure une organisation mieux entendue. Il faut empêcher aussi tel médecin de faire soigner les pauvres par un élève inhabile, et l'engager à ne pas visiter son malade quatre jours après sa mort. Il faut prier tel chirurgien de faire ses saignées lui-même, et de ne point les confier aux sœurs de l'hôpital comtesse. En un mot, si l'on veut améliorer la santé des ouvriers, il faut améliorer leur position : il existe beaucoup d'abus ; il y a beaucoup de choses à dire, et bien des réformes à opérer. Cela ne doit pas décourager les hommes bienfaisans qui font partie du conseil municipal et du conseil d'administration des hospices. Nous signalons les vices et les inconvéniens de l'état actuel des choses, et nous indiquons les moyens que nous croyons propres à y remédier. Si quelquefois notre style paraît un peu acerbe, nous prions qu'on nous pardonne en faveur du motif qui nous inspire, et qui nous guide. Il est tout de charité et de désintéressement, il doit nous mériter l'indulgence et l'approbation des honnêtes gens, le suffrage ou le blâme des autres nous est indifférent.

CHAPITRE VII.
ETABLISSEMENS PUBLICS.

Il existe beaucoup d'établissemens publics, dont quelques-uns même pourraient compromettre la salubrité, mais les craintes qu'ils inspirent vont bientôt disparaître par suite des mesures prises par l'administration municipale, et surtout par la construction d'un abattoir. Cette entreprise, que nous verrons bientôt achevée, est une preuve de sa sollicitude, et nous lui accordons d'autant plus volontiers nos éloges, que nous espérons qu'elle continuera de marcher dans la même voie.

Parmi les établissemens qui employent le plus grand nombre d'individus, on remarque les filatures de coton et celles de fils retors. Parmi les premières, il en est bien peu qui aient été construites exprès; le mélange des sexes et l'immoralité qui en résulte, n'est pas une des moindres causes des maladies : les filles et les femmes, qui sont loin d'être des vestales, sont quelquefois atteintes de maladies vénériennes et dartreuses; elles ne sont soumises à aucune visite, à aucune surveillance, et ces femmes fournissent tous les ans un bon nombre d'enfans abandonnés aux hospices.

Les fabriques de fil, dans lesquelles on ne reçoit que des hommes, n'offrent pas les mêmes inconvéniens, mais aussi que de choses à dire sur l'entassement de ces ouvriers dans leurs greniers !

Les filatures de coton établies dans les maisons construites depuis long-temps, et pour un autre usage, ne peuvent point nous occuper, puisque les changemens y sont souvent impossibles. Celles que l'on construit journellement ne laissent rien à désirer, si ce n'est que l'on regrette de ne point y voir construire de latrines inodores, chose fort utile, et dont la dépense est bien peu de chose quand on bâtit un grand établissement.

Quant au mélange des sexes et aux mœurs dissolues des individus employés dans les filatures, nous avons indiqué au chapitre 3, quels seraient les moyens d'arriver à la longue à un état plus satisfaisant, cependant l'enseignement mutuel, les frères de la doctrine chrétienne pour les garçons, les sœurs de S.te Thérèse, rue de Béthune, et celles de. . . . . rue de Fives, pour les filles, doivent nécessairement nous fraie espérer une conduite plus régulière, et des mœurs plus pures dans la génération qui s'élève.

S'il existe un spectacle rebutant, c'est celui d'un atelier de fils retors ; l'odeur infecte qui s'en exhale, la vue des ouvriers, pâles, maigres, bossus, bancales, malpropres, inspire un sentiment pénible et dégoûtant. Les hommes et les enfans employés dans ces fabriques, y sont renfermés pendant une durée moyenne de quinze heures par jour; on a tellement peur de leur donner de l'air, qu'on y fait apporter leurs alimens par leurs femmes ou par des commissionnaires pris parmi eux. Dans l'hiver, les ateliers sont chauffés par des poêles en fer de fonte, et l'air n'y est jamais renouvellé. Les latrines sont construites dans ces mêmes ateliers, et mêlent leurs exhalaisons d'hydrosulfure d'ammoniaque, aux gaz délétères formés par la décomposition de l'air soumis au phénomène de la respiration, et par la matière de la transpiration d'individus mal sains; ces constructions vicieuses, ce défaut de précautions sanitaires, non seulement compromettent, mais détruissent la santé. Ces causes de destruction sont si vulgairement connues, que lorsque l'on rencontre un homme mal tourné, on dit qu'il est filtier. Il y aurait cependant bien peu de choses à faire pour améliorer tout cela : donner à ces malheureux quelques heures de repos, et leur faire prendre l'air dans la journée, établir des ventilateurs dans leurs ateliers, et construire des latrines sur le modèle de la planche ci-contre.

On voit de suite combien la position des ouvriers serait plus supportable par l'exécution des mesures peu couteuses que nous proposons. Dans bien des maisons actuellement existantes, il serait extrêmement facile de se servir d'une des cheminées de l'atelier pour établir le tuyau d'évent.

Dans les constructions nouvelles, il faudrait que les architectes aient le plus grand soin de s'arranger de manière à ce qu'une cheminée fassent l'évent et le rappel. La police devrait même obliger les particuliers à construire toutes les latrines d'après ce procédé ; on peut être tranquille sur les odeurs qui pourraient revenir sur les cheminées : la chose est impossible. M. Darcet, inventeur du moyen qui nous occupe, a expérimenté qu'une cheminée, bien chauffée, pouvait faire l'appel pendant trois jours, lors même qu'on n'y ferait pas de feu, et si on en fait tous les jours, une très-petite quantité peut y suffire.

Il serait à desirer que l'on fît construire dans notre ville quelques latrines publiques d'après ce procédé ; cela contribuerait beaucoup à la propreté des rues ; par exemple si la salle des spectacles en avait une à l'extérieur de l'édifice, son trottoir ressemblerait moins à un cloaque infect, et l'on ne serait pas obligé de marcher dans l'urine et dans l'ordure pour y arriver. C'est une circonstance qui n'a pas été prévue par les hommes de génie qui ont procédé à la

LATRINE (sans odeur)

EXPLICATION DE LA PLANCHE.

A. Fosse d'aisance.
B. Tuyau des latrines.
C. Tuyau d'évent.
D. D. D. Sièges des latrines.
E. Manteau de la cheminée, qui pourrait communiquer dans l'évent pour faire l'appel.
F. Poêle dont le tuyau, qui s'ouvrirait dans l'évent, ferait également l'appel.
G. Lampion qui à défaut de cheminée ou de poêle ferait l'appel.
H. Fenêtre par où on irait allumer et poser le lampion.

Les flèches indiquent le courant d'air qui des sièges passe dans le tuyau, dans la fosse et s'en va par l'évent.

LATRINE (sans odeur)

EXPLICATION DE LA PLANCHE.

- A. Fosse d'aisance.
- B. Tuyau des latrines.
- C. Tuyau d'évent.
- D.D. Sièges des latrines.
- E. Manteau de la cheminée, qui pourrait communiquer dans l'évent pour faire l'appel.
- F. Poêle dont le tuyau, qui s'ouvrirait dans l'évent, ferait également l'appel.
- G. Lampion qui à défaut de cheminée ou de poêle ferait l'appel.
- H. Fenêtre par où on irait allumer et poser le lampion.

Les flèches indiquent le courant d'air qui des sièges passe dans le tuyau, dans la fosse et s'en va par l'évent.

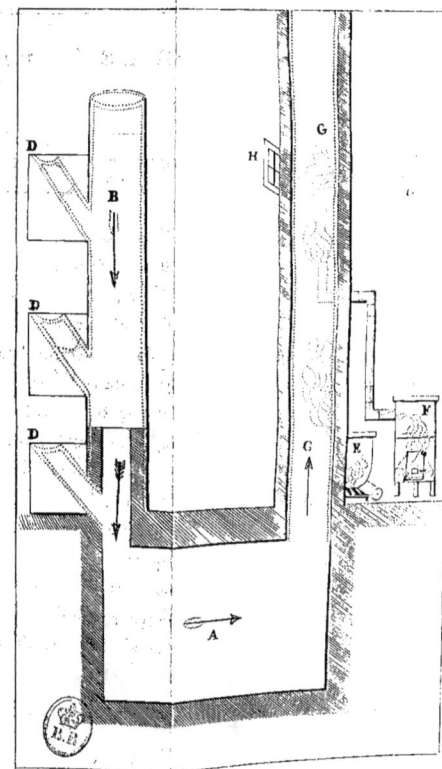

LATRINE (sans odeur)

réédification de ce monument, objet de tant de critiques plus ou moins justes.

C'est ici le cas de rappeler à MM. les administrateurs, combien les latrines de l'hôpital S.-Sauveur sont situées d'une manière peu convenable, et que c'est surtout pour la construction des latrines des hôpitaux, qu'il importe de redoubler de soins et de zèle, et de concilier la commodité des malades, avec la salubrité de l'air qu'ils doivent respirer.

CHAPITRE VIII.

LES OUVRIERS ET LES CHEVAUX.

Ce serait une chose à la fois curieuse et intéressante que de traiter sous le point de vue philosophique la question de savoir si les chevaux ne sont pas traités avec plus de soins, plus d'égards, et avec plus d'humanité que les hommes ; visitez une manufacture qui a un manège, et voyez les écuries : habitation propre, saine et commode, coucher soigné et paille souvent renouvellée ; nourriture saine et abondante ; propreté du corps portée jusqu'à la minutie ; la brutalité, les mauvais traitemens sont sévérement punis par le maître ; après cela visitez certaines filatures, et voyez attaché à la carde, comme un forçat à la chaîne, ce malheureux ployant sous la fatigue et la douleur : sa respiration est pénible, la sueur ruisselle sur ses membres, et sur tout son corps, il faut que cet emploi de forces, que cette déperdition dure 15 à 16 heures pour que l'homme qui l'emploie lui paye trois francs, quelle barbarie ! un cheval travaille huit heures au plus, en deux ou trois fois dans la journée, il repose le reste du temps ; ses besoins sont prévus. Ses maladies sont soignées à l'instant. Un homme travaille seize heures presque sans relache ; il est mal vêtu, mal nourri, il succombe à la fatigue, à la soif, et pas un verre de petite bière, pas un verre de limonade ; la pompe est là pour le désaltérer et lui faire contracter une maladie de poitrine qui le conduira au tombeau. Un cheval coûte de l'argent, et n'est pas toujours facile à remplacer ; des hommes ! il y en a partout, et toujours....
Quelle touchante humanité ! Quel est l'homme qui en

voyant tout cela n'envierait pas la condition des chevaux ? Il en est de même dans toutes nos manufactures. Par tout les animaux sont mieux traités que les hommes. On veut que l'ouvrier soit laborieux, bien portant, et on le fait travailler beaucoup au-delà de ses forces. Encore si le salaire était proportionné au travail et à la peine, si l'ouvrier pouvait se procurer une nourriture substantielle et réparatrice, mais chacun sait que le prix de la journée suffit à peine aux besoins de sa famille. C'est dans nos campagnes surtout que l'on peut remarquer la sordidité des cultivateurs, l'ouvrier batteur, le moissonneur travaillent tant que le soleil éclaire l'horison, et reçoivent *trente-sept centimes et demi !* Ils sont nourris dans la ferme à peu près à la manière des pourceaux; du lait de beurre, du pain, des pommes de terre, et de l'eau, quelquefois un peu de viande salée; ils couchent sur la paille, mais au moins elle est fraîche celle-là. Ce n'est que dans nos environs que l'on voit de pareilles horreurs; l'Artois, la Picardie, la Normandie, nourrissent bien leurs travailleurs, et les payent de même.

Veut-on ainsi que nous l'avons dit plus haut, rendre meilleures la santé et la position sociale de l'ouvrier, que l'on daigne enfin s'apercevoir qu'il est homme; que l'on proportionne son travail à ses forces physiques; que le salaire qu'on lui accorde soit assez élevé pour qu'il puisse se nourrir convenablement; en un mot, nous croyons que ces hommes seraient heureux et bien portans, si l'on voulait seulement les traiter comme on traite les chevaux.

Que l'on ne vienne pas nous objecter que celui qui se livre au travail jouit de son libre arbitre, que c'est volontairement qu'il exerce un genre d'ouvrage qui épuise ses forces, et que le salaire est suffisant; cela n'est pas vrai.

Tous les hommes qui n'ont pas mis le vil intérêt à la place de l'humanité, conviennent que la journée est trop longue, et pas suffisamment rétribuée. Ensuite on n'est pas toujours le maître de se choisir un métier; les circonstances, le besoin, cet impérieux ordonnateur peuvent forcer les hommes à embrasser un état qui ne leur convient point.

CHAPITRE IX.

PROJET DE RÉGLEMENT

POUR UNE SOCIÉTÉ DE SECOURS MUTUELS A ÉTABLIR A LILLE SOUS LE TITRE DE. . . . .

Noms et qualités des membres honoraires qui prendraient la Société sous leurs auspices..

MM. Le Préfet du département ;
    Le Maire de la ville ;
    Le Curé, doyen des paroisses ;
    N. . . . Administrateur des hospices ;
    N. . . . Propriétaire ;
    N. . . . Chirurgien honoraire de la société ;
    N. . . . Médecin honoraire *idem* ;
    N. . . . Avocat ;
    N. . . . Notaire ;
    N. . . . Chef d'établissement manufacturier ;
    N. . . . *Idem.*
    N. . . . *Idem.*

RÈGLEMENT.

TITRE PREMIER.

Formation de la Société.

ARTICLE PREMIER.

Le but de la Société est de procurer à chacun des souscripteurs, des secours dans les maladies, les infirmités et la vieillesse, et le prêt de quelques petites sommes dont ils peuvent avoir besoin.

2. La Société se place sous l'invocation de St. Vincent de Paule, et sous la protection paternelle des membres de la commission honoraire.

3. Elle se compose d'ouvriers de différentes professions, au nombre de   , et qui réunissent les qualités exprimées par les articles suivans :

4. On ne peut être admis, pour la formation de la Société, seulement qu'après avoir satisfait à la loi de recrutement, et être âgé de vingt à quarante-cinq ans; passé cet âge, nul ne sera admis qu'en payant le surplus de l'âge sus-énoncé.

5. Nul ne peut-être admis qu'il ne soit résidant dans Lille, sans distinction d'arrondissement, et qu'il ne soit présenté par un membre de la formation du noyau ou deux membres de la formation de la Société (ou souscripteurs), qui justifieront connaître le récipiendaire pour réunir les conditions exigées par le règlement.

6. Nul ne sera admis à la réception définitive qu'après

avoir fait trois mois d'affiliation, à dater du jour de son enregistrement, et qu'il n'ait payé la somme de 4 f. 50 c. pour son droit d'admission et payable par tiers.

7. Le fils d'un sociétaire décédé, de légitime mariage (ou adoptif), qui désirerait succéder à son père dans la Société, sera exempt de payer le droit d'admission sus-énoncé, ou à défaut d'un fils l'un de ses gendres.

TITRE II.

Formalités à remplir.

ARTICLE PREMIER.

Pour être admis dans la Société, il faut : 1° Justifier de son état ou profession ; 2° de l'âge ; 3° que l'on n'est ni infirme, ni valétudinaire, en fournissant un certificat du médecin et du chirurgien de la Société ; 4° être notoirement reconnu pour être de bonne vie et mœurs, et ne faire partie d'aucun corps militaire soldé par l'état.

2. Chaque récipiendaire est tenu de déposer au bureau son acte de naissance ou mariage, ou congé, dans le délai des trois premiers mois de son affiliation.

3. Chaque récipiendaire est tenu de payer le tiers de son affiliation ou admission en se faisant inscrire, et le reste dans le courant des trois mois et par tiers ; et cette affiliation mentionnée dans l'art. 6 du titre Ier. se payera à dater du mois de   par chaque récipiendaire qui se fera inscrire.

4. Nul ne peut-être admis s'il n'est porteur d'un certificat qui constate qu'il n'est atteint d'aucune maladie incurable. Ce certificat lui sera délivré par les médecin et chirurgien de la Soiété, et certifié par ses présentateurs.

5. S'il arrivait que le récipiendaire eut trompé ses pré-

sentateurs et la Société, en faisant une fausse déclaration, il sera rayé de suite, et perdra ses premières avances.

6. La Société n'accorde aucun traitement au récipiendaire qui serait atteint de maladie ou de blessure dans le courant de ses trois mois d'affiliation.

7. Le sociétaire qui se retire après ses trois mois d'affiliation, ou admission, n'est admis à aucune réclamation de ses avances.

8. Les sociétaires sont tenus d'acquitter toutes les cotisations forcées qu'ils encourent, dans le délai fixé par les articles du réglement, passé ce délai, s'ils persistent à ne pas payer, ils seront rayés des contrôles de la Société, ne pourront plus en faire partie, et perdront leurs premières avances.

TITRE III.

Administration.

1. Le bureau de la société est composé de cinq membres nommés par l'assemblée générale, leurs fonctions ne durent qu'un an, excepté le trésorier, et ils sont rééligibles, qui sont :

Un délégué et son adjoint, un receveur, un secrétaire, un trésorier-payeur.

2. Le délégué est le chef du bureau. Il préside aux assemblées générales et du conseil, il pose les questions, les met aux voix, maintient l'ordre et la décence ; il surveille toutes les opérations du bureau et du conseil, ainsi que la stricte exécution des mesures relatives au régime de la Société.

3. Douze membres, sachant lire et écrire, sont nommés par l'assemblée générale. Ces douze membres com-

posent le conseil de la Société, qui sera renouvelé tous les ans de moitié, et ils sont rééligibles.

4. Le bureau fait partie de droit du conseil, non compris les douze membres.

5. Aucune dépense ne sera faite par le bureau, qu'après en avoir donné connaissance au conseil, et en avoir obtenu l'autorisation, excepté celle désignée en l'article suivant :

6. Les dépenses de la Société consistent dans les traitemens aux malades, les pensions aux infirmes et vieillards, ainsi que le loyer et honoraires du secrétaire, qui seront fixés tous les ans en assemblée générale.

7. Le médecin et le chirurgien honoraires ne recevront aucun traitement de la Société. Cependant tout sociétaire pourra disposer de leurs soins pendant toute l'année moyennant une rétribution de trois francs payable par douzième, aux mains du trésorier qui en tiendra compte au bout de l'an à ces messieurs.

Il suffira pour profiter de cette faculté, de se faire inscrire chez le secrétaire ou le trésorier.

8. Sont exceptées de ces dispositions les dépenses arrêtées par le conseil; les dépenses autres que celles désignées en l'article précédent resteront à la charge du payeur et des signataires du bon.

9. Le conseil fera la révision des recettes et dépenses de la société toutes les fois qu'il le jugera nécessaire, et sans y trouver aucun empêchement; et il autorisera le placement de l'excédent des recettes pour en accroître le capital, en laissant toujours entre les mains du payeur la somme nécessaire pour le service présumé.

10. Les affaires litigieuses ou imprévues par le réglement seront renvoyées par le bureau au conseil, pour y faire droit.

Le conseil prendra aussi connaissance de toute plainte portée par un ou plusieurs sociétaires pour les cas non prevus par le réglement.

11. Le conseil s'assemblera chaque fois qu'il sera convoqué par le bureau, et les membres recevront leur lettre huit jours d'avance; il s'assemblera quatre fois par an, et plus si le cas l'exige.

12. Nul membre du bureau, ou du conseil ne peut refuser de se rendre à son invitation, sauf par lui de payer une cotisation forcée de 1 f. 50 c. au profit de la caisse, payable en deux mois pour tout délai. Passé ce temps, s'il persiste à ne pas payer, il encourra la peine mentionnée dans l'article 8 du titre 2.

13. Les cas d'absence ou de maladie sont admis, en en prévenant le délégué, ou son adjoint, et par écrit.

14. Dans le cas d'absence du délégué il est remplacé par son adjoint.

15. Le conseil a le droit de demander la convocation d'un conseil extraordinaire, en adressant une lettre au délégué, signée de la majorité des membres, et leur demande ne pourra être rejetée sous quelque prétexte que ce soit.

16. Les délibérations du conseil sont écrites séance tenante, signées du délégué et des membres, et s'exécutent provisoirement jusqu'à l'approbation de l'assemblée générale.

TITRE IV.

Du Receveur.

ARTICLE PREMIER.

Nul ne peut être receveur qu'il ne soit âgé de trente ans au moins. Il est nommé pour un an; il est rééligible.

2. Il est tenu de se trouver le deuxième dimanche de chaque mois à la chambre de recette pour y recevoir les cotisations de chaque sociétaire, de onze heures à deux heures précises; il est chargé de la tenue du registre de recette, et sans blanc ni rature.

3. Le deuxième dimanche de chaque mois le receveur ouvrira le bureau de recette à onze heures précises, pour y recevoir les cotisations mensuelles de chaque sociétaire, et lui délivrer quittance des sommes qu'il aura payées. A deux heures précises, il fermera la recette, et donnera de suite les noms des retardataires aux membres du bureau pour prononcer la cotisation forcée qui sera exigible le mois suivant.

4. Le receveur présentera son registre clos par lui aux visiteurs en fonctions et au délégué, pour en faire la vérification. Il remettra de suite, et sans retenue, les fonds au payeur ou à celui qui le remplace, dont il fera délivrer quittance au livre de recette.

5. Il sera nommé un adjoint au receveur en assemblée générale, pour le remplacer en cas d'empêchement.

6. Le receveur fera la révision des registres de dépenses, clos par le secrétaire et le payeur, et pourra refuser sa signature pour toutes les dépenses qui seraient contraires au règlement, et en motivera son refus pour en être référé au conseil.

7. Toute infraction au titre précédent, de la part du receveur, encourra une cotisation forcée de 1 f. 50 c. au profit de la caisse, payable en deux mois pour tout délai; passé ce temps, il encourra la peine mentionnée dans l'article 8 du titre 2.

TITRE V.

Du Secrétaire.

ARTICLE PREMIER.

Nul ne peut être secrétaire qu'il ne soit âgé de trente ans; il est nommé pour un an; il est rééligible, et reçoit un honoraire fixé tous les ans en assemblée générale.

2. Il est tenu de se trouver à la chambre de recette le deuxième dimanche de chaque mois, à onze heures précises, pour délivrer quittance à chaque sociétaire, des sommes qu'il aura payées, laquelle sera signée du receveur.

3. Il est chargé de la tenue des registres de la société, au nombre de trois; sur le premier il inscrira les nom, prénoms, âge, lieu de naissance, domicile et profession de chaque sociétaire, les divers genres de maladie, d'après le certificat des médecins, les jours où commencent et cessent les secours : les pensions y sont aussi portées, ainsi que les radiations et observations générales.

Sur le deuxième il inscrira sans blanc ni rature, l'état des dépenses, mois par mois.

Sur le troisième, il inscrira les décisions du conseil, après leur approbation par l'assemblée générale, et par suite, les procès-verbaux des assemblées générales, ainsi que la copie du règlement. Ces registres seront vérifiés par le receveur et les membres du bureau; ils seront signés par eux, et seront soumis tous les six mois à la vérification du conseil.

4. Tous les six mois il dressera trois tableaux qui seront vérifiés par le receveur ; sur le premier, il inscrira les noms des sociétaires par ordre de numéro, et les sommes qu'ils auront payées, les traitemens et pensions qu'ils auront reçus avec les observations nécessaires.

Sur le deuxième il inscrira les cotisations forcées au profit de la caisse; les noms et les motifs y seront inscrits.

Sur le troisième il inscrira les recettes et dépenses, les sommes en caisse, et celles placées au profit de la société.

Ces tableaux seront affichés dans la salle des recettes, pendant un mois.

5. Lorsqu'il se présentera un récipiendaire, avant de l'inscrire, le secrétaire lui donnera lecture des articles 5 et 6 du titre premier, et des articles 1, 2, 3 et 6 du titre 2, et lui fera les questions exigées par l'article 4 du même titre ; il sera absent à son admission définitive.

6. Le secrétaire prendra la déclaration de chaque malade qui réclamera des traitemens, et remettra une feuille de visite indiquant le jour de la déclaration, cette feuille contiendra au dos le certificat du médecin, sur le genre de maladie.

TITRE VI.

Du Trésorier-payeur.

ARTICLE PREMIER.

Nul ne peut être trésorier qu'il ne soit établi et patenté, et âgé de quarante ans au moins ; il est nommé pour trois ans ; il est rééligible.

2. Il est tenu de se trouver au bureau le deuxième dimanche de chaque mois, ou quelqu'un de la société commis par lui, pour recevoir des mains du receveur, en présence du bureau, les sommes provenant des recettes,

dont il délivrera quittance au livre destiné à cette formalité.

3. Le trésorier ne peut et ne doit payer que les dépenses autorisées par le réglement, ou par l'assemblée générale et le conseil, et sur un bon, nominativement à lui délivré et signé des autres membres du conseil.

4. Le trésorier est dépositaire d'une caisse contenant les fonds de la société.

5. Le trésorier rendra ses comptes tous les six mois, ou chaque fois qu'il en sera requis par le conseil. Il ne pourra conserver en caisse plus de six cens francs à la fois; cette somme sera disponible pour les besoins de la société, et le surplus sera mis à intérêt pour en accroître le capital, d'après l'autorisation de l'assemblée générale ou du conseil, qui désignera le lieu de placement, ou le mode.

6. Le trésorier reçoit un traitement de   et fournit une caution en espèces, ou en immeubles équivalent à

TITRE VII.

Des Cotisations.

ARTICLE PREMIER.

Le *maximum* de la souscription de chaque sociétaire est fixé à un franc cinquante centimes par mois.

2. Le souscripteur ou sociétaire est tenu à payer ou à faire payer pour lui sa cotisation mensuelle, le deuxième dimanche de chaque mois depuis onze jusqu'à deux heures précises.

3. Le sociétaire qui n'aura pas payé ou fait payer sa cotisation mensuelle les jour et heure indiqués dans le précédent article, encourra

1.° Pour le premier mois, une cotisation forcée de vingt-cinq centimes.

2.° Une autre cotisation forcée de trente centimes s'il est deux mois.

3.° Une troisième de quarante-cinq centimes s'il est trois mois sans payer.

4. Le souscripteur qui sera trois mois sans payer de cotisation mensuelle, et de cotisations forcées, ne recevra de traitement, en cas de maladie, que dix jours après s'être liquidé envers la société.

5. Le secrétaire écrira aux sociétaires en retard de trois mois, en lui donnant une note de ce qu'il est redevable à la société.

S'il ne fait pas de réponse, et qu'il ne se présente pas pour payer le deuxième dimanche du quatrième mois, il sera rayé des controles de la société, sans réclamation.

S'il se présente au conseil pour se justifier, et que sa justification soit admise, il aura deux mois pour se liquider, mais n'aura droit à aucun traitement, en cas de maladie, avant son entière liquidation.

6. Outre les cotisations mensuelles, et les cotisations forcées, chaque souscripteur est tenu à cotiser deux francs par an, payables par 50 centimes. Le deuxième dimanche de janvier, 50 centimes; le deuxième dimanche d'avril, 50 centimes; le deuxième dimanche de juillet 50 centimes; et 50 centimes le deuxième dimanche d'octobre pour frais d'enterrement de chaque sociétaire décédé, frais de bureau, loyer, chauffage, etc, etc., autorisés par l'assemblée générale ou le conseil.

7. La société aura un commissionnaire nommé à vie, et pris parmi les sociétaires; il est choisi en assemblée générale, et nommé comme les autres fonctionnaires de

la société, ses fonctions sont de porter les lettres de convocations des assemblées générales ou du conseil, les lettres de décès, et tout ce qui concerne la propreté du bureau, et le placement des bancs ou chaises aux assemblées générales ou conseil.

De recevoir la cotisation mentionnée en l'article 6 de ce titre; et d'en remettre le montant au trésorier en séance générale.

TITRE VIII.
Des Visiteurs.

ARTICLE PREMIER.

Les secours seront distribués par deux visiteurs, ou un plus grand nombre si le cas l'exige.

2. Les fonctions de visiteur étant les plus importantes de la société, nul ne peut se refuser de l'être lorsque son tour est arrivé, excepté qu'il soit en charge au bureau ou au conseil.

3. Les visiteurs sont nommés sur la liste générale des sociétaires et par ordre de numéros; leurs fonctions durent un mois, ils font parti du bureau, et sont prévenus un mois d'avance.

4. Il sera déposé chez chaque malade une feuille de visite, sur laquelle le visiteur constatera l'époque à laquelle commenceront et finiront les secours réclamés.

5. Les visiteurs sont tenus de visiter le malade deux fois au moins par semaine; de plus ils se rendront le dimanche à onze heures chez le trésorier pour recevoir les traitemens des malades ou infirmes, et les distribuer dans les vingt-quatre heures pour tout délai; ils tiendront un registre des malades et des secours qui leur seront donnés, ils porteront sur la feuille de visite les journées de

maladies payées par eux, en faisant signer par la partie prenante sur leur registre.

6. S'il arrive qu'un visiteur finisse ses fonctions mensuelles pendant que le souscripteur est encore malade, il remettra son registre à son successeur, mais il devra remettre un état de sa gestion aux membres du bureau, ou au trésorier, dans les 24 heures qui suivront la cessation de ses fonctions.

7. L'infraction à un seul ou à plusieurs des articles du présent titre, sera passible des amendes et des peines portées à l'article 12 du titre 3, pour chaque infraction.

TITRE IX.

Maladies et Traitemens.

ARTICLE PREMIER.

Tout sociétaire atteint d'une maladie ou blessures, capable d'occasionner l'empêchement du travail, a droit à un traitement.

2. Le malade ou blessé en donne avis au médecin ou chirurgien de la société, qui délivre son certificat, ce certificat est porté chez le secrétaire qui l'enregistre, délivre une feuille de visite, et donne avis au visiteur en fonctions.

3. Les journées de maladie se payent deux francs ou quatorze francs par semaine, pendant trois mois, à dater du jour de la déclaration.

4. Après trois mois de maladie, le souscripteur est tenu de produire un certificat des docteurs de la Société, sur la possibilité de la guérison ou le temps présumé de continuation de la maladie. Il est alors mis au demi-traitement de vingt sous par jour, ou sept francs par semaine.

Après six mois de maladie, les médecin et chirurgien de la société, le délégué, les visiteurs, se rendront chez le sociétaire pour constater son état par un procès-verbal qui sera soumis à un conseil extraordinaire, convoqué par les fonctionnaires sus-dénommés, et dans lequel il sera statué si le malade sera mis à la demi-pension provisoire, qui sera de sept francs par semaine.

5. Tout sociétaire entrant dans un hospice aura également droit au traitement mentionné à l'article 3 du présent titre, il devra toutefois produire un certificat du médecin de l'hospice, constatant le jour de son entrée, et donner avis du jour de sa sortie au secrétaire, sous peine de perdre son droit à aucune réclamation. Les secours sont remis aux mains de la personne désignée par le sociétaire.

6. La Société accorde dix jours de convalescence au souscripteur, sur un certificat des médecins et chirurgiens, visé par les visiteurs.

7. La Société n'accorde aucun traitement aux maladies qui doivent leur naissance à l'ivresse ou à la débauche, ni même pour des blessures survenues à la suite d'une rixe de cabaret.

8. Les traitemens seront suspendus aux malades qui seraient surpris à faire un ouvrage lucratif; il en est de même de celui qui serait trouvé dans une maison où l'on vend des liqueurs spiritueuses, et en état d'ivresse.

9. Tout souscripteur qui aurait le malheur, soit par suite d'une maladie, ou autre événement malheureux (sauf le cas prévu par l'article 8 de ce titre), d'être privé de l'usage d'un de ces membres, ou d'un organe dont la perte l'empêcherait de gagner sa vie, aura droit à la demi-pension de sept francs par semaine, pendant une année.

TITRE X.

Des Pensions.

ARTICLE PREMIER.

La société accorde à chacun des membres qui la composent, que les infirmités obligeraient de renoncer à leurs travaux habituels, par suite de maladies ou blessures, une pension fixée ainsi qu'il suit :

La pension est divisée en deux classes.

La première comprend tous les sociétaires qui auront souscrit pendant dix ans, sans interruption, à dater du jour de leur enregistrement, et qui recevront cent francs par an, ou huit francs 33 centimes par mois.

La deuxième comprend tous les souscripteurs qui auront souscrit pendant vingt ans, sans interruption, à dater du jour de leur enregistrement et qui recevront deux cens francs par an, ou seize francs 67 centimes par mois.

2. Pour avoir droit aux pensions sus-mentionnées, le souscripteur sera tenu de produire un certificat délivré par deux médecins ou chirurgiens, qui attesteront qu'il est hors d'état de pouvoir travailler par suite de maladie ou blessures dont le genre sera relaté au certificat.

3. Le pensionnaire de première classe est tenu de cotiser pendant dix ans, à dater du jour de son admission à la pension ; ce temps terminé, il recevra la pension entière, sans plus rien cotiser.

4. Tout souscripteur qui comptera trente ans de cotisation sans interruption, aura droit à la pension de première classe, sans être tenu à aucune cotisation.

5. La pension de deuxième classe est accordée aux souscripteurs sur le seul vu de leur acte de naissance.

6. Les pensionnaires de droit, soit d'âge ou par les années de cotisations, seront libres de vivre où bon leur semblera, sauf à eux de produire un certificat de vie, et de supporter les frais de ports de lettres ou d'envois de fonds que la société leur adressera.

TITRE XI.

Des Inhumations.

ARTICLE PREMIER.

Aussitôt qu'un membre de la société sera décédé, le secrétaire en sera prévenu par l'épouse ou un ami du défunt, afin de pouvoir faire et envoyer les lettres de convocation.

2. Une députation de vingt membres de la société sera prise par ordre de numéro sur la liste d'inscription.

3. Cette députation se rendra les jour et heure indiqués par les billets d'enterrement, au domicile du défunt.

4. Les lettres de convocation seront remises au secrétaire en assemblée; elles devront être revêtues du visa de l'ecclésiastique qui aura procédé à l'inhumation, constatant que le sociétaire convoqué a rempli sa mission.

L'infraction à cette formalité, ou la négligence d'assister aux funérailles sera punie d'une cotisation forcée de deux francs payable en deux mois.

5. La société accorde à la veuve d'un sociétaire décédé la somme de cent francs une fois payée, et sur le vu de son acte de mariage; si le sociétaire est veuf, cette somme sera versée à ses enfans.

6. La société se charge de tous les frais d'enterrement, des frais accessoires et des démarches.

7. Si le sociétaire est décédé dans un hospice, l'en-

terrement se fera de même et la députation s'y rendra également.

8. La société entière assistera aux obsèques d'un membre honoraire protecteur de la société, ou à ceux d'un fonctionnaire en exercice au moment de son décès.

9. Il sera tenu compte à la veuve ou aux enfans d'un sociétaire décédé de toutes les journées de secours dont la société lui serait redevable jusqu'au jour de son décès.

TITRE XII.

Affaires à régler.

ARTICLE PREMIER.

Le manuscrit du présent réglement sera soumis à l'approbation des autorités compétentes, avant l'impression, et il en sera remis un exemplaire aux membres honoraires et aux souscripteurs.

2. Le manuscrit approuvé ainsi qu'il est dit à l'article ci-dessus, sera transcrit littéralement sur le registre des délibérations de la société, pour y être signé par tous les souscripteurs, et recevra son exécution à dater du . . . .

3. Un réglement pour les assemblées générales et extraordinaires, pour la police de l'intérieur de la salle des séances, pour la manière de s'introduire en assemblée, etc. etc., sera rédigé, discuté en assemblée générale, accepté, inscrit au livre des délibérations, et affiché dans le local des réunions.

CHAPITRE X.
BAINS PUBLICS.

Après avoir amélioré les habitations, provoqué les mesures susceptibles d'apporter les changemens favorables dans la nourriture, le régime, l'éducation morale et religieuse; aboli le Mont-de-Piété; donné une meilleure direction aux secours à domicile, et aux soins qu'exigent les malades traités chez eux, etc.; en même temps qu'ils s'occuperaient de l'organisation d'une caisse de secours et d'épargnes, nos administrateurs pourraient enfin se persuader que l'établissement de bains chauds, froids ou médicamenteux, est vraiment une chose de première nécessité; nous ne nous lasserons pas de le répéter : La propreté est une vertu, la malpropreté est un vice; les maladies et les désordres de toute espèce marchent à sa suite.

Il y a eu et il existe encore des bains publics chez tous les peuples de la terre. Nous pourrions entrer ici dans beaucoup de détails, et faire parade d'érudition, mais cela serait inutile, et nous éloignerait de notre sujet. Il nous suffira de ne nous occuper ici, que des bains sous le rapport de l'hygiène publique, et jusqu'à quel point ils peuvent prévenir les maladies, entretenir la santé, et guérir les affections pathologiques.

Du Bain d'eau froide.

Un bain d'eau est froid au-dessous de quinze degrés, Réaumur.

« Le premier effet de ce bain est le frisson. Il est accompagné d'une contraction de la peau, d'une sorte de spasme qui lui donne l'apparence de la peau d'une poule ; à ces phénomènes s'ajoutent un léger tremblement convulsif et un sentiment de malaise : la respiration est irrégulière et plus ou moins précipitée. Peu à peu ces symptômes s'effacent ; les forces vitales réagissent sur ces premiers effets ; la peau se rougit, la vitesse du pouls augmente, et de soixante-dix pulsations il peut s'élever à cent vingt par minute ; mais si l'on demeure dans le bain froid, et surtout si l'on y reste assis et en repos, le pouls peut se ralentir au point de compter par minute dix pulsations de moins qu'avant le bain.

« Répété dans la mesure raisonnable, et en consultant les circonstances, le bain froid est tonique, il laisse sur le corps de l'homme une empreinte de force et d'activité remarquable : outre cela, il durcit et épaissit la peau ; c'est ce que l'on observe en particulier chez les enfans que l'on baigne souvent dans l'eau froide. Mais lorsque le bain d'eau froide ne produit point ces effets restaurateurs, et que l'on s'opiniâtre, dans de fausses vues, à continuer l'emploi de ce moyen, il affaiblit de plus en plus, et en particulier il donne des coliques et la diarrhée. »

Du bain d'eau très-chaude.

Un bain d'eau est chaud au-dessus de la chaleur du sang, au-dessus de vingt-neuf dégrés, Réaumur ; il est très-chaud vers trente-quatre.

« Le premier phénomène qui se manifeste en entrant dans un bain d'eau très chaude, c'est le *spasmus periphericus* de même que dans le bain froid, le frisson excepté. Cette contraction de la peau passe bien vite : elle devient rouge, sa chaleur augmente; elle se gonfle sensiblement; une bague au doigt y devient trop étroite. Ces phénomènes s'étendent aux parties qui sont hors du bain; la face devient rouge et gonflée; le pouls est très-fréquent; la respiration est accélérée et difficile; on est mal à son aise; la chaleur générale semble très-augmentée; la peau se couvre de sueur; les yeux deviennent saillans. Si l'on reste dans le bain, ces phénomènes deviennent plus intenses; la sueur découle du visage; on éprouve de l'angoisse, et comme on dit un serrement de cœur; il y a des palpitations, une oppression forte; et, si l'on ne se hâte de sortir d'un tel bain, des vertiges, un affaiblissement général, syncope ou apoplexie.

» Ce qu'il y a de remarquable dans les phénomènes produits par les bains d'eau chaude, c'est l'accélération de la circulation, une espèce de ramollissement des solides, et l'expansion subite des liquides; et enfin une perte considérable par la sueur. Par suite de ce dernier phénomène, dont l'influence devient principale, le bain d'eau chaude affaiblit; il est débilitant. Mais ces résultats sont bien moins considérables et fâcheux, si l'on se retire du bain d'eau chaude, avant une déperdition notable de sueur. Par ce moyen le bain chaud peut même devenir en quelque sorte tonique : dans certaines circonstances, la peau et les organes sous cutanés se débarassent, avec son aide, des impressions maladives que le froid y avait laissées, l'accélération de la circulation est l'effet dominant alors, et dont les conséquences favorables sont les plus marquées. »

Du bain chauffé à une température moyenne.

« Le bain tiède développe un sentiment de bien être, une chaleur douce et agréable à l'extérieur du corps, qui se trouve ainsi jouir d'une chaleur égale à celle des parties internes. La peau semble s'y étendre et s'y ramollir; l'épiderme en est détaché, et vient nager à la surface du liquide; il y a des envies d'uriner. Et si le bain est à la chaleur du sang, le pouls conserve par minute le nombre des pulsations qu'il avait avant le bain; s'il est un peu au-dessous, les pulsations deviennent moins fréquentes; la respiration se ralentit. Sur la fin de ce bain on est disposé à se laisser aller doucement au sommeil. En le quittant, on éprouve une légère sensation de froid, qui cesse lorsqu'on a été essuyé et recouvert de vêtemens : le sentiment de bien être qu'on y a goûté, on le ressent encore le reste de la journée, on est délassé, rafraîchi; on se sent, si non plus fort, du moins plus agile ; et en général toutes les fonctions s'exercent, non point avec plus de force et d'énergie, mais avec plus d'aisance, pour ainsi dire. » (1).

Les bains d'étuves sèches et humides, les bains à vapeurs sont du ressort des hôpitaux et regardent les médecins ; nous n'en dirons rien dans ce mémoire.

Il s'agirait donc de former un établissement de bains, et que l'autorité y réfléchisse bien, cette dépense loin d'être onéreuse, serait profitable, puisque les journées d'hôpital seraient moins nombreuses. Il y a cent manières de mettre ce projet à exécution : que l'on construise des bains flottans, comme ceux que l'on voit sur

---

(1) Dictionnaire des sciences médicales.

la Seine à Paris, que l'autorité en fasse les frais de construction et d'administration ; ou bien que l'on concède au chef de l'un des établissemens déjà existans, le pouvoir d'exécuter le plan proposé à ses frais, en lui accordant une rétribution à convenir, et pour un nombre d'années. La certitude d'un bénéfice aisé à calculer engagerait les entrepreneurs à se présenter. Lorsque l'abatoir sera terminé, ne pourrait-on pas y ajouter une salle de bains, en se servant du fourneau de la pompe à feu pour y établir une chaudière constamment remplie d'eau bouillante? Cette mesure apporterait une grande économie dans la chose, puisque l'on épargnerait la dépense du combustible pendant toute l'année, et ainsi de suite.

Nous invitons l'administration à profiter des eaux chaudes qui s'écoulent constamment des machines à vapeur, pour établir dans la ville des bains de propreté et de santé. Il faudrait pour cela louer un petit emplacement voisin de l'établissement, y mettre une demi-douzaine de baignoires, et payer à la journée un ou deux hommes chargés d'administrer des bains aux indigens. Une police bien établie et bien faite veillerait à ce que tout se passât avec ordre et décence, il tombe sous le sens que les hommes ne seraient pas reçus dans les locaux destinés aux femmes.

CONCLUSION.

Le réglement contenu au chap. IX, est susceptible de recevoir les modifications et changemens reconnus par les hommes vraiment philantropes, que l'autorité mettrait à la tête de l'association projetée; ainsi on pourrait admettre une classe de souscripteurs à 75 centimes par mois lesquels recevraient sept francs par semaine au lieu de quatorze, et trois francs cinquante centimes au demi-traitement, qui enfin entreraient pour moitié dans tous les avantages que procurerait la société, excepté pourtant quant aux inhumations qui se feraient d'une manière uniforme pour tous, et aux frais de la caisse générale.

Les chefs d'ateliers seraient invités de mettre pour condition à la réception d'un ouvrier dans leurs usines, ou fabriques, sa proposition, et son entrée à la société de secours mutuels, en admettant que l'ouvrier puisse remplir les conditions voulues par le réglement. Ce serait un moyen certain de porter le nombre des sociétaires à un taux considérable, et de cette manière leur assurer des secours en cas de maladie, et par suite les soulager dans leurs besoins, comme nous allons le démontrer :

Nous supposons le nombre des souscripteurs porté à six cens et nous trouvons un produit de dix mille huit cent f., laissons les huit cens francs pour frais et dépenses imprévues, et admettons que la société aura régulièrement six malades par jour, au traitement entier pendant l'année, ce qui porte la supposition au plus haut possible, cette dépense y compris les pensions et inhumations, n'excéderait pas cinq mille francs, voilà donc cinq mille francs par an, et cinquante mille francs au bout de dix ans, sans compter les intérêts, etc., arrivée à cette époque la société aurait au moins deux mille cinq cens francs de rente, et par conséquent tous les moyens possibles de secourir les infirmes, les nécessiteux, etc. Alors l'horizon s'agrandit, les années s'écoulent et viennent augmenter les richesses de l'association; un nouveau réglement, une nouvelle répartition des fonds deviennent nécessaires; en augmentant sa fortune la société augmente le nombre de ses bienfaits, et il arrive enfin une époque où elle est assez riche pour avancer à l'honnête ouvrier la somme qui lui est nécessaire pour former un établissement. Ici tout est bienfaisance, tout s'améliore, le tems ne fait qu'augmenter les moyens. Au mont-de-piété, tout est cupidité, tout est malheur, tout porte à la ruine et au crime! les cheveux se dressent quand on songe que dix francs coûtent au bout de l'an six francs cinquante centimes, au malheureux qui porte ses effets dans ce gouffre épouvantable! et ce sont des Chrétiens qui protègent et qui souffrent tout cela !!!

Le système d'association dont nous avons parlé au chapitre IX, s'étendrait bien davantage, si, comme le dit M. Appert (1), l'administration supérieure daignait y prendre part, ce serait le complément du bien produit par l'instruction primaire, de l'enseignement mutuel ou des Frères de la doctrine chrétienne; la morale, cette qualité si précieuse pour les peuples et les gouvernemens, se généraliserait dans l'asile de la pauvreté; les délits, les crimes, la débauche deviendraient aussi rares qu'ils sont

_____

(1) Journal des prisons, N° 3.

communs, souvent faute d'une bonne direction donnée à l'esprit du malheureux. C'est une idée à la fois vertueuse et philantropique de la société des sciences de Lille, que d'avoir voulu descendre dans tous les détails de la vie des ouvriers. Nous y descendrons avec elle, et on voit que cette classe d'hommes mérite un bien touchant intérêt ! Ils sont courbés sans cesse sous le poids du travail, le gain qu'ils en retirent suffit rarement à leurs plus pressans besoins ; le loyer seul de leur demeure absorbe une grande partie du prix de leur journée. La nourriture qu'ils peuvent se procurer est peu faite pour réparer les forces perdues par les fatigues. Leurs vêtemens, leur linge, sans cesse dans les mains des sangsues du mont-de-piété, leurs lits sont presque toujours en mauvais état ; de semblables hommes méritent bien quelque intérêt de l'autorité supérieure. La société des arts et sciences de Lille donne l'exemple de la sollicitude et de la bienfaisance, espérons que le pouvoir la secondera. Le seul moyen de faire régner dans les ménages l'ordre, l'économie et la moralité, c'est d'instruire autant que possible cette nombreuse classe de citoyens, c'est d'envoyer aux écoles leurs enfans, de leur faire apprendre des états, les habituer au travail, à l'obéissance aux lois, au respect qu'ils doivent à leurs parens.

Améliorer les localités, reformer les abus, prodiguer l'instruction morale et religieuse, voilà le seul moyen de rendre meilleure la santé des ouvriers.

LILLE. — IMPRIMERIE DE BLOCQUEL.

www.ingramcontent.com/pod-product-compliance
Lightning Source LLC
LaVergne TN
LVHW051515090426
835512LV00010B/2536